BEI GRIN MACHT SICH IHR WISSEN BEZAHLT

AF149134

- Wir veröffentlichen Ihre Hausarbeit,
  Bachelor- und Masterarbeit

- Ihr eigenes eBook und Buch -
  weltweit in allen wichtigen Shops

- Verdienen Sie an jedem Verkauf

Jetzt bei www.GRIN.com hochladen
und kostenlos publizieren

Simone Goertz

Welche Gründe führten zum Bau der Mauer in Berlin? Und welche Gründe führten zu deren Ende?

GRIN Verlag

Bibliografische Information der Deutschen Nationalbibliothek:

Die Deutsche Bibliothek verzeichnet diese Publikation in der Deutschen National-
bibliografie; detaillierte bibliografische Daten sind im Internet über http://dnb.d-
nb.de/ abrufbar.

Impressum:

Copyright © 2012 GRIN Verlag GmbH
Druck und Bindung: Books on Demand GmbH, Norderstedt Germany
ISBN: 978-3-656-30347-3

Dieses Buch bei GRIN:

http://www.grin.com/de/e-book/203119/welche-gruende-fuehrten-zum-bau-der-
mauer-in-berlin-und-welche-gruende

GRIN - Your knowledge has value

Der GRIN Verlag publiziert seit 1998 wissenschaftliche Arbeiten von Studenten, Hochschullehrern und anderen Akademikern als eBook und gedrucktes Buch. Die Verlagswebsite www.grin.com ist die ideale Plattform zur Veröffentlichung von Hausarbeiten, Abschlussarbeiten, wissenschaftlichen Aufsätzen, Dissertationen und Fachbüchern.

Besuchen Sie uns im Internet:

http://www.grin.com/

http://www.facebook.com/grincom

http://www.twitter.com/grin_com

Sonderaufgabe

Thema: Welche Gründe führten zum Bau der Mauer in Berlin? Und welche Gründe führten zu deren Ende?

Vorgeschichte: Bau der Mauer

Es wird heute häufig angenommen, die DDR hätte ihre Grenze dem demokratischen Westen gegenüber erst 1961 mit dem Bau der Berliner Mauer geschlossen. Tatsächlich wurde Deutschland bereits Ende des Zweiten Weltkrieges in einen Ostteil und einen Westteil gespalten. Die sogenannte Demarkationslinie war die erste provisorische Grenze zwischen den westlichen Mächten auf der einen Seite und den östlichen auf der anderen. Zwar war die Freizügigkeit der Menschen innerhalb Deutschlands 1945 in allen Sektoren eingeschränkt, doch während sie im westlichen Teil recht schnell wieder hergestellt wurde, wurde diese im Osten immer weiter eingeschränkt. 1946 wurde die Demarkationslinie mit Grenzkontrollen versehen und ein Überschreiten streng reglementiert. Ost und West spalteten sich immer weiter und aus der Demarkationslinie wurde schließlich eine echte Grenze, immer stärker abgesperrt, 1961 in der Teilung einer ganzen Großstadt mit einer kaum überwindbaren Grenze gipfelnd; der Berliner Mauer. Diese war bis zu ihrem Fall und der friedlichen Wiedervereinigung 1989/90 fast 30 Jahre lang ein Symbol für die Teilung Deutschlands und der Welt in Ost und West.

Politische Gründe

Es muss allerdings gesagt werden, dass es nicht von vorne herein die Absicht der Alliierten, war Deutschland und Berlin dauerhaft zu teilen. Als das Ende des zweiten Weltkriegs absehbar war, berieten die Alliierten auf mehreren Konferenzen über die zukünftige Gestaltung Deutschlands. Unter anderem entschieden sie, Deutschland und Berlin vorerst in drei Sektoren aufzuteilen, verwaltet von jeweils einer der Siegermächte. Berlin kam ein Sonderstatus zu und sollte gemeinsam verwaltet werden. Deutschland musste außerdem Gebiete an Polen abtreten, die sich bis zur Oder-Neiße-Linie erstreckten. In Jalta wurde 1945 eine Konferenz abgehalten, bei der dann auch Frankreich eine Zone zugeteilt wurde. Es wurde sich darauf geeinigt, Deutschland zu entnazifizieren, zu demokratisieren, zu entmilitarisieren und zu dezentralisieren. Auch wurden die zukünftigen Einflussgebiete für zwei Systeme in Europa abgesteckt. Es ist aber auf keiner der Konferenzen die Rede von einer dauerhaften Teilung Deutschlands. Doch mit der Entscheidung, jeder der beteiligten Parteien die Souveränität über die ihr zugeteilte Zone zu gewähren war die Teilung Deutschlands schon so gut wie besiegelt. Stalins Auffassung von „demokratisieren" widersprach, in seiner kommunistisch diktatorischen Art, zu eklatant der Vorstellung der restlichen Alliierten, um als Einstaatenlösung verwirklicht werden zu können. Ebenfalls hatte er kein Interesse von seinen Ansprüchen auf die ihm zugesprochene Zone abzusehen.

Die Spannungen in der Zweckgemeinschaft „Siegermächte", von vornherein eher eine politische Notwendigkeit als eine Liebesheirat, wurden unüberbrückbar. Der Kalte Krieg, mit machtpolitischem Poker zwischen West und Ost, nahm seinen Anfang. Der, um es mit Winston Churchills berühmten Worten auszudrücken „Eiserner Vorhang" war gefallen.

Die Sowjetunion begann recht schnell expansive Politik zu betreiben und in allen Ostblockstaaten ein kommunistisches System aufzubauen. Besonders die Amerikaner reagierten nun mit einer "Eindämmungspolitik". Die Truman-Doktrin, eine von Harry S. Truman ins Leben gerufene Unterstützung für vom Kommunismus bedrohte Völker, war als klares antikommunistisches Statement zu verstehen. Es gab also von amerikanischer Seite aus ein klares Erkennen der Abgrenzung des Ostens Europas und ein klare Verurteilung dieses Prozesses. Der vom amerikanischen Außenminister Georg Marshall initiierte Plan sah finanzielle Hilfeleistungen für Europa vor, welche der Ostblock auf Geheiß der Sowjetunion ablehnte, aus Angst vor einer politischen Einflussnahme des Westens.

Auf der Außenministerkonferenz 1947 geschah dann das Unausweichliche. Die Siegermächte konnten sich nicht auf die Modalitäten einer gesamtdeutschen Wahl einigen.

Es wurden hierauf die Bundesländer und der parlamentarische Rat der Westzone beauftragt, eine Verfassung vorerst nur für die Bundesrepublik auszuarbeiten, um diese als Staat zu legitimieren. Diese Verfassung sollte nur bis zur erwarteten Vereinigung mit der SBZ gelten und wurde aus diesem und weiteren Gründen nicht Verfassung sondern Grundgesetz genannt. Die SBZ Administration ging in diesem Punkt etwas rigoroser vor. Denn die Verfassung, welche für die entstehende DDR ausgearbeitet wurde, sollte die Legitimation eines souveränen Staates als Verfassung sogar bewusst symbolisieren und die Trennung besiegeln. So entstanden 1949 zwei unabhängige Staaten. Die BRD und kurze zeit später die Deutsche Demokratische Republik die allerdings nicht von Seiten der BRD anerkannt wurde, da diese sich als einzig legitime Repräsentation Gesamtdeutschlands ansah.

Nun war die Trennung vollzogen. Die Sowjetische Militäradministration übertrug der DDR die Verwaltungsfunktionen, die vorher unter ihrer Ägide standen, behielt aber bis 1955 als sowjetische Kontrollkommission/Rat die politische Oberhoheit in der DDR.

Anders lief es in der BRD. Sie integrierte sich vor allem dank des ersten Bundeskanzlers Konrad Adenauer immer weiter in die Westpolitik. So war Adenauer dann auch nicht an einer

Zusammenarbeit mit der DDR interessiert. Er hoffe sie durch wirtschaftlichen und politischen Druck zum Anschluss an die BRD zu bewegen, die in dieser Zeit von ihrem legendären Wirtschaftswunder profitierte. Daher lief dann auch 1952 die sogenannte Stalin-Note ins Leere, der letzte halbwegs ernstzunehmende Versuch einer neutralen Wiedervereinigung. Als die BRD dann 1955 der NATO beitrat und die DDR kurz darauf dem sowjetischen Äquivalent Warschauer Pakt, war endgültig eine Kluft zwischen den beiden deutschen Staaten geschaffen. Die UdSSR war nun nicht mehr an einer Wiedervereinigung interessiert, und akzeptierte die DDR fortan als unabhängigen Staat.

Die Innenpolitik der SBZ/DDR

Die sowjetisch besetzte Zone wich von Anfang an stark vom westlich-demokratischen politischen Stil ab. Es wurden 1946 einmalig freie Landtagswahlen abgehalten, deren Ausgang allerdings war eher belanglos, da den gewählten Volksvertretern kaum Macht zugesprochen wurde. Die sowjetische Militäradministration, welche die Oberhoheit über die SBZ besaß, setzte durch eine Zwangsvereinigung der SPD, die sich im Vorfeld der Wahlen als stärkste Kraft erwiesen hatte, mit der KPD, eine dem Sozialismus verpflichtete allein regierende Partei, die SED ein. Die Sozialdemokraten nahmen diese Entscheidung vorerst auch ohne größeren Widerstand entgegen, da sie glaubten, als stärkste Partei den ihnen gebührenden Anspruch auf Mitsprache zu erhalten. Dies geschah jedoch nicht. In verantwortliche Positionen wurden nur linientreue Mitglieder der Kommunisten gesetzt, währen den demokratischen Kräften in SPD und anderen bis dato geduldeten Parteien nur ein Marionettenstatus zukam.

Die DDR entpuppte sich, anders als im Verfassungstext vermerkt, als totalitärer Satellitenstaat der UdSSR der Regimekritiker und Andersdenkenden verfolgte und drangsalierte. Hierbei ist vor allem das Ministerium für Staatssicherheit (MfS)zu nennen, 1950 nach dem Vorbild der sowjetischen Geheimpolizei gegründet. Es sollte auch der massiven Republikflucht Einhalt Gebieten. Das MfS etablierte sich als Machtinstrument, welches seine Bürger bis zum Ende der DDR der absoluten und uneingeschränkten Spionage und Kontrolle unterwarf.

Ich möchte dies zum Anlass für eine kleine philosophischen Zwischenbemerkung über den Kommunismus nehmen dessen Konkurrenz mit den westlichen Demokratien ja den Hintergrund all dieser Ereignisse ist. Denn es ist, denke ich, ein gutes Beispiel dafür, wie in der DDR ganz allgemein verfahren wurde. Man gerierte sich demokratisch, schuf aber, möglichst im Stillen, die Tatsachen ohne demokratische Legitimation. Und anders war es ja auch schon in der von Marx aufgestellten Theorie nicht denkbar. Denn wir vergessen in unserer heutigen, stark demokratisch geprägten Gesellschaft häufig, dass es auch andere Theorien über eine gerechte Gesellschaftsordnung gibt als die unsrige. So glaubte Marx daran, dass der Mensch quasi zu seinem Glück, dem Kommunismus, gezwungen werden müsse, um dann zu erkennen, dass er in der perfekten Gesellschaft lebe, und diese sich dann von alleine aufrecht erhalten würde, da jeder nach seinen Möglichkeiten und seinen Bedürfnissen behandelt würde. Wie wir heute wissen ist dieses Ideal aber schwer zu erreichen und der Kommunismus kommt, auch mit Blick auf China und Nordkorea, allem Anschein nach niemals ohne Mauer, Zensur und Diktatur aus.

Wirtschaftliche Gründe

Die Administration der SBZ und später der DDR sah sich von Anfang an mit einer Menge Problemen konfrontiert. Die UdSSR, welche neben Deutschland die größte Kriegslast zu tragen gehabt hatte, verlangte seiner Zone enorme Reparationen ab. Während diese sich in den drei anderen Zonen im Großen und Ganzen auf geistiges Eigentum beschränkten, nahm die UdSSR auch fast die Hälfte der Industrieanlagen in Beschlag. Es wurde eine Bodenreform durchgeführt, bei der große landwirtschaftliche Betriebe enteignet und in unwirtschaftliche Kleinbauernhöfe umgewandelt wurden. Diese schlossen sich später zu landwirtschaftlichen Produktionsgenossenschaften zusammen was ihre Produktivität aber vorerst kaum steigerte.
Die übrig gebliebene Industrie wurde zum Großteil verstaatlicht und darbte außerdem an mangelnder Zulieferung aus Ost und West, da gerade in der SBZ viel weiterverarbeitende Industrie angesiedelt war und die Verkehrswege zu deren Belieferung mit den nötigen Bauteilen zerstört waren. Daraus folgte eine extrem verminderte Produktivität und wirtschaftliche Stagnation. Es wurde eine Planwirtschaft nach dem Vorbild der UdSSR eingerichtet, bei der sozusagen am grünen Tisch von Parteifunktionären die Art und Menge der zu produzierenden Güter in allen größeren Betrieben vorgegeben wurde. Die Produktion wurde zum großen Teil auf einfache Schwerindustriegüter umgestellt die leichter und autarker hergestellt werden konnten. Mit diesen Maßnahmen wurde zwar eine deutliche Steigerung der Produktionsmenge erreicht aber die Qualität, die Diversität und die wirtschaftliche Sinnhaftigkeit der produzierten Güter nahm in starkem Maße ab. Die vielen verschiedenen hochwertigen Güter die der Bevölkerung in der BRD mehr und mehr zur Verfügung standen, erweckten daher naturgemäß den Wunsch der Ostdeutschen an dieser Entwicklung teilzuhaben.

Wichtiges wirtschaftspolitisches Zeichen einer Abgrenzung sind hingegen die unterschiedlichen Währungen, welche 1948 eingeführt wurden. Auch hier war offiziell erst eine gesamtdeutsche

Währung geplant, doch die Praxis sah anders aus. Die Währungsreform im Westteil wurde ohne die SBZ durchgeführt, die dadurch gezwungen war möglichst schnell ihre eigene Währung einzuführen, um dem vermehrten Zustrom der alten Währung (Reichsmark) in die SBZ, wo sie bis dato noch Gültigkeit besaß, und einer damit verbundenen fast vollständigen Geldentwertung entgegenzuwirken.

Den Versuch die West-Mark im Folgenden auch in Berlin einzuführen kam für die Sowjetadministration einer Besetzung gleich, ein für diese inakzeptabler Zustand. Berlin wurde einer Blockade unterzogen. Trotzdem war es den Amerikanern möglich, die Menschen in West-Berlin über eine sogenannte Luftbrücke mit Lebensmitteln zu versorgen. Dies muss als eindeutiges Zeichen des sich verschärfenden Kalten Krieges verstanden werden. Es gab nun kein Vier-Zonen Deutschland mehr, sondern ein Zwei-Zonen System, das von feindlich, miteinander konkurrierenden Mächten bestimmt war. Allerdings scheuten beide Parteien die militärische Auseinandersetzung und so wurde die Blockade Berlins nach ein paar Monaten wieder aufgehoben. Was zu dem kuriosen Fall führte, dass in Berlin zeitweilig zwei Währungen in Umlauf waren.

Gesellschaftliche Gründe

Die Mehrheit der Bürger stand den neuen Machthabern kritisch gegenüber. So flüchteten viele Menschen aus dem Osten, allen voran gut Ausgebildete und Intellektuelle, welche ihre Chance auf wirtschaftliche Teilhabe nur im Westen gewahrt sahen. Denn wenn alle ähnlich viel verdienen und kaum noch Privateigentum zugelassen ist, eine typische Auswirkung von Planwirtschaft und Sozialismus, flüchten diejenigen, die woanders mehr verdienen und ihren Besitz behalten können. Dies ist eines der größten Probleme des Sozialismus und in geringerem Maße sogar des Sozialstaats allgemein.

Um Herr der Lage zu bleiben begannen bereits die Sowjets, die von ihnen besetzte Zone weiter von West-Deutschland abzuriegeln. An der Demarkationslinie, also der Grenze zwischen der SBZ und den anderen Zonen wurden schon ab 30 Juni 1946 Grenzkontrollen errichtet und ein Überschreiten nur mit den sogenannten Interzonenpässen gestattet, einem Dokument das in Deutschland die vorher nötigen provisorischen Reiseerlaubnis-Papiere ersetzte, in den westlichen Zonen aber keine Bedeutung mehr erlangte da die Reisefreiheit innerhalb Westdeutschlands wiederhergestellt wurde.

Doch auch nach Gründung der DDR und der ihr, von Seiten der UdSSR zugesprochenen Souveränität, blieben die innenpolitischen Probleme bestehen. Die Repressionen, Kontrollen und Grenzschließung konnten weitere Fluchten nicht verhindern. Trotz oder gerade wegen dieser starken, sich gegen das Grundbedürfnis der Freiheit richtenden Politik flohen mehrere hunderttausend Menschen aus dem neu gegründeten Staat. Hier wäre nochmals festzuhalten, dass sich unter ihnen weiterhin viele sehr gut Ausgebildete, hochqualifizierte Menschen befanden, die mit ihrer Flucht die wirtschaftliche Stabilität der DDR gefährdeten. So wurde die Innerdeutsche Grenze, aus der Demarkationslinie hervorgegangen, ab 1952 stetig weiter abgeriegelt und mit stärkerer Kontrolle versehen. Die vor der Grenze errichtete Sperrzone, durfte nicht betreten werden, und „verdächtige" Menschen die in dieser Zone lebten wurden zwangsumgesiedelt.

Ab 1957 war die Flucht aus der DDR strafbar und mit hohen Repressionen geahndet. Aber es existierten außer der Flucht noch andere Formen des Widerstandes in der Zeit vor dem Mauerbau. Arbeiter aus Ost-Berlin streikten am 17. Juni 1953 gegen gleichen Lohn bei mehr Arbeit. Doch der Widerstand wurde Mithilfe sowjetischer Truppen niedergeschlagen. Danach waren viele Menschen desillusioniert und glaubten nicht mehr an die Kraft der Proteste. Viele akzeptieren das System oder wandten sich von der Politik ab.

Der Mauerbau

Das größte Problem blieb jedoch trotz aller Anstrengungen die Auswanderung. Die Anzahl der Republik-Flüchtigen war nicht mehr tragbar. Als großer Schwachpunkt hierbei war Berlin ausgemacht, wo aufgrund seiner Sonderstellung, die eine gewisse Diplomatie verlangte, nicht ohne weiteres eine Grenzbefestigung eingerichtet werden konnte. Und es bestanden große Schwierigkeiten Grenzübertritte innerhalb einer Metropole, in der ja aus geographischen Gründen auch keine Sperrzone errichtet werden konnte, ohne eine echte Grenzbefestigung zu verhindern.

So kam Walter Ulbricht, Regierungschef der DDR, zu einem folgenschweren Schluss. Es musste ungeachtet aller politischen Schwierigkeiten eine solche Grenzbefestigung innerhalb Berlins aufgebaut werden.

Doch Nikita Chruschtschow, (damaliger sowjetischer Regierungschef), wollte Ulbricht bei seinem Vorhaben anfangs nicht unterstützen und ohne Rückendeckung der Schutzmacht war ein solch gewagtes Unterfangen nicht durchführbar. Chruschtschow nämlich wollte das Problem „Berlin", welches ihm durchaus Bewusst war, lieber politisch lösen. Er hatte den Westmächten bereits 1958 ein Ultimatum gestellt, in dem praktisch vom Verzicht der westlichen Siegermächte auf ihre Hegemonialstellung in Westberlin gesprochen wird, andernfalls würde West-Berlin in den Zuständigkeitsbereich der DDR fallen. Dieses erneuerte er 1961 und forderte abermals eine Entmilitarisierung West-Berlins. Die Westmächte lehnten diese Aufforderung hingegen wiederum ab, und das Ultimatum verstrich unerfüllt. Einen Krieg zu riskieren und Berlin militärisch zu annektieren war Chruschtschow dann allerdings doch zu gewagt. Und so unterstützte er den Mauerbau als einzig verbliebe Option schließlich doch.

Die Berliner Mauer wurde am 13.08.1961 gebaut. Zuerst noch ein „Staatsgeheimnis", behauptete selbst Walter Ulbricht, währen einer Pressekonferenz kurz zuvor „Niemand hat die Absicht eine Mauer zu bauen". Doch stand fest, was man lange mit Argwohn und Angst befürchtet hatte, die Berliner Grenze wurde vollständig geschlossen. Dies musste in einer Nacht- und Nebelaktion stattfinden und recht zügig vonstatten gehen, damit nicht in „Torschlusspanik" noch mehr Menschen fliehen konnten. Als John F. Kennedy (damaliger amerikanischer Präsident) bei einem Besuch Berlins im Jahr 1963 Solidarität mit den Berlinern zeigte, ist dies für die dort lebenden Menschen nur ein kurzfristiger Trost. Sie mussten zusehen, wie sie zunehmend eingemauert wurden, die Passiermöglichkeiten immer eingeschränkter und die Kontrollen immer strenger wurden, ohne dass der Westen dies gestoppt hätte. Kennedy sagte dazu, er habe lieber eine Mauer als einen Krieg. Ein freies, uneingeschränktes Passieren der Teile Berlins war nicht mehr möglich. Ebenfalls begann nach dem Berliner Mauerbau ein propagandistisches Wettrüsten der beiden Mächte. Der Westen Berlins wurde weiterhin westlich-demokratisch unterstützt, genoss all die Errungenschaften die der Wirtschaftsaufschwung mit sich brachte. Doch auch der Osten Berlins kam in den Genuss eines gewissen wirtschaftlichen Aufschwungs.

Die nun immer weiter verbesserte Mauer, die auch um West-Berlin herum verlief und es somit zu einer Enklave machte, hatte die Bevölkerung der DDR nun vollständig eingeschlossen. Es begannen etliche Fluchtversuche mit zum Teil sehr waghalsigen, riskanten Aktionen. So gab es berühmte Tunnelbauten, unterirdische Systeme durch welche Ostberliner in den Westen gelangten. Der Westen Berlins war zwar auch abgeriegelt, aber de facto der BRD zugehörig, somit „frei".

Vorgeschichte: Fall der Mauer

Während die Zeit um den Mauerbau mit Berlin- und Kubakrise von starken außenpolitischen Spannungen zwischen Ost und West geprägt waren stabilisierte sich die Lage in der folgenden Zeit. Mit Leonid Breschnew ersetzte 1964 eine, auf das Halten des Status Quo bedachte Persönlichkeit, den reformfreudigen aber unsteten Nikita Chruschtschow als oberster Sowjet. Auch in der DDR kam mit Erich Honecker 1971 ein ähnlich starrsinniger Charakter an die Macht. Während Ulbricht und Chruschtschow noch mit einigem wirtschaftlichen Geschick agiert hatten, legten deren Nachfolger mit einer verstärkten Verschuldungspolitik und Reformunwilligkeit bereits einen der Grundsteine für den Untergang des sozialistischen Systems in Europa. So ließ Honecker für den schnellen Erfolg ein Wohnungsbauprojekt realisieren welches Unmengen an Geld verschlang und er ersetzte jegliche Wirtschaftsexperten in den Führungspositionen der Betriebe, welche Ulbricht, weise geworden, noch zu stärken versucht hatte, wieder durch Bonzen der Partei. Die Sowjetunion indes steckte weiterhin viel Geld in das Wettrüsten mit den USA.

Nachdem Breschnew lange Jahre das Regierungsoberhaupt der UdSSR war, wurde, mit ein paar Jahren Verzögerung, Mitte der achtziger Jahre Michail Gorbatschow Regierungsoberhaupt, der sich in seiner Politik doch maßgeblich von seinen Vorgängern unterscheiden sollte. So war ihm wichtig, dass sich langsam demokratische Verhältnisse in der UdSSR bildeten. Erich Honecker hingegen, lehnte Gorbatschows westlich-zugewandte Politik strikt ab. Ganz im Gegenteil wurden sogar Pläne zu einer High-Tech-Mauer geschmiedet, eine besonders hochgerüstete, sichere Mauer, die den wiederbelebten Flüchtlingsstrom, der Mitte der achtziger einsetze, versuchen sollte einzudämmen.

Was die Notwendigkeit zu Reformen innerhalb der DDR betrifft, muss erwähnt werden, dass diese blind gegenüber den Problemen im Land, dem Scheitern des Sozialismus in den anderen Ost-Block Staaten und naiv genug zu glauben war, die Dinge würden sich von selber regeln. Ungarn und Polen waren die ersten sozialistischen Staaten, die sich reformierten und demokratisierten indem sie Mehrparteiensysteme einführten und sich von der Planwirtschaft abwandten.

Diese politische Umstrukturierung führte auch in der DDR zu einem Umdenken der Bürger in Richtung pro-demokratischer Vorstellungen, und einem nicht längerem Zurückhalten von Forderungen der Beteiligung des Volkes an politischen Entscheidungen. Der viele Jahre als alleiniges Oberhaupt regierende Erich Honecker sah sich bald darauf mit dem gleichen Schicksal konfrontiert wie sein ehemaliger Parteigenosse Walter Ulbricht. Weil er zu alt und zu starrsinnig war und dem Willen der SED entgegen handelte, die sich durch die Massenproteste der Bevölkerung zu Reformen gezwungen sah, gingen die Parteimitglieder mit ihm genauso vor, wie er selbst damals mit Walter Ulbricht vorgegangen war. Er musste aus Altersgründen seinen Rücktritt erklären. Als dann auch die CSSR ihre Grenzen öffnete, setzte eine erneute Ausreisewelle ein, und die berühmt gewordenen Montagsdemonstrationen erhielten einen in der DDR bis dato ungekannten Zulauf. Diese Vorfälle initiierten bald darauf den Fall der Mauer, und die Wiedervereinigung der beiden deutschen Staaten.

Politische Gründe

Als Michael Gorbatschow 1985 nach dem Tod seiner Vorgänger zum Parteichef der Sowjetunion gewählt wurde betrat seit langer Zeit der erste Reformer die große politische Bühne. Seine legendäre Politik der Perestroika (Umgestaltung) und Glasnost (Transparenz) hatte weitreichende Konsequenzen.

Die erste Konsequenz bestand darin, dass nun all die Hinterlassenschaften von Breschnews Politik der Stagnation offen zu Tage traten die vorher noch vom Staatsapparat verschleiert worden waren.

Es wurde deutlich wie sehr die UdSSR und ihre Satellitenstaaten unter den enormen Ausgaben des Kalten Krieges und der schlecht organisierten Planwirtschaft gelitten hatten. Aber außer dem

Offenlegen der Probleme, bemühte sich Gorbatschow auch nach Kräften diese zu beseitigen. Er leitete die Demokratisierung und die Installierung eines marktwirtschaftlichen Systems ein.

Weiterhin schaffte er die Brechnew-Doktrin ab, nach der im Falle einer Gefährdung des sozialistischen Systems der Warschauer-Pakt-Staaten, Russland militärisch eingreifen dürfe, und gestand damit den anderen Ostblockstaaten Autonomie zu.

Polen, das angeregt durch die motivierenden Worte des Papstes, schon einige Jahre vor dem Amtsantritt Michael Gorbatschows einer der ersten Ostblock-Staaten gewesen war, dessen Volk den Mut zum streiken besessen hatte, war hier das erste Land welches Gorbatschows Demokratisierungsprozess folgte. Ungarn begann ebenfalls Reformen zu verwirklichen und seine Demokratisierung voranzutreiben. Dort wurde auch die Grenzbefestigung „Eiserner Vorhang"am 2. Mai 1989 als erstes abgebaut. Dieser Abbau initiierte eine gewaltige Ausreisewelle vor allem von Bürgern aus der DDR.

Um dies zu verhindern schloss die DDR, die Gorbatschows politischen Kurs, vor allem in Gestalt Erich Honeckers, strickt ablehnte, vorerst sogar ihre Grenze zu den Nachbarn Polen und der CSSR. Doch die Würfel waren gefallen. Die DDR stand nun völlig isoliert da, und die Proteste im Land erreichten bis dahin unbekannte Ausmaße. Dem konnte die DDR-Regierung nicht mehr Herr werden und beschloss Honecker abzusetzen und umfangreiche Reformen durchzuführen. Allerdings musste, aufgrund der hohen Anzahl an Ausreisewilligen Menschen, eine vorläufige Ausreisebestimmung getroffen werden. Mit dieser Gesetzesänderung sollte erst nur die Masse an Protestierenden beruhigt werden, doch hatten einige der Verantwortlichen die Zeichen der Zeit erkannt, dass nur weitgehende, unbürokratische Reisefreiheit das Volk beruhigen konnte, und so gewährte die DDR den Menschen nach 28 Jahren wieder Reisefreiheit in den Westen, die vom Volk getragen und verselbstständigt nicht mehr revidierbar war.

Günter Schabowski, Sprecher des Politbüros, hatte dies irrtümlicherweise in einer Pressekonferenz bekannt gegeben. Eigentlich sollte er über die vorläufigen Ausreisebestimmung sprechen und nicht schon von einer allgemeinen uneingeschränkten Reisefreiheit. Diese wurde, bevor sie in Günter Schabowskis Hände geriet, nochmals vom Justizministerium überarbeitet. Und diesen überarbeiteten weitergehenden Entwurf erhielt dann Günter Schabowski. Während des Fernsehinterviews wurde er dann zum Reisegesetz befragt und antwortete erst recht ausweichend. Schließlich erinnerte er sich daran, die fertigen Ausreisebestimmungen vorlesen zu sollen. Er sagte, man hätte Reglungen getroffen, die es jedem Bürger der DDR ermöglichen, über Grenzübergangspunkte auszureisen. Als er dann gefragt wurde, ab wann dies gelten sollte, lass er das Dokument vor, welches im wesentlichen das Ausreisen ohne Grund erlaubte, wenn man eine ständige Ausreise plante. Dann wurde er nochmals gefragt, wann dies in Kraft trete, woraufhin er die legendären Worte „Das tritt nach meiner Kenntnis...ist das sofort, unverzüglich" sprach. Genau genommen sollte es erst am nächsten Tag in Kraft treten aber nach Schabowskis Fehler hatten die unvorbereiteten Grenzschützer den sofort anstürmenden Massen nichts mehr entgegenzusetzen und die angesprochene Verselbstständigung nahm ihren Lauf. Das ganze Spektakel wurde live in Gesamtdeutschland übertragen, die Nachrichten berichteten schnell vom Fall der Mauer.

Wirtschaftliche Gründe

Anders als von mancher Seite behauptet, stand die DDR Ende der 1980er Jahren nicht unmittelbar vor dem wirtschaftlichen Kollaps. Die Netto-Auslandsverschuldung pro DDR-Bürger und BIP befand sich, z.B. im Verhältnis zur heutigen Verschuldungsquote der USA, auf einem niedrigen Niveau. Das BIP wuchs stetig und die DDR gehörte daran gemessen, zu den zwanzig reichsten Nationen der Welt.

Trotzdem trugen auch wirtschaftliche Gründe zum Zusammenbruch der DDR bei.

Der „Dienstleistungssektor" in der DDR bestand fast ausschließlich aus Stasi-Mitarbeitern, Grenzschützern und anderen Soldaten, sowie Polit-Bürokraten, dadurch wurde eine Menge Arbeitskraft unproduktiv verschwendet. Honeckers subventioniertes Wohnungsbauprogramm, mit unwirtschaftlich niedrigen Mieten, und die Aufrechterhaltung und Verbesserung der Mauer, verschlangen eine Menge Geld. Es sollte weiterhin Erwähnung finden, dass die Altlasten in Form von Abwanderung Hochqualifizierter und Reparationszahlungen, der DDR bis zu ihrem Zusammenbruch Probleme bereiteten. Während der Mangel an Hochqualifizierten bis zum Schluss zu einem Rückstand in Forschung und Entwicklung beitrug, hatten die Reparationen ähnlich negativen Einfluss auf Instandhaltung und Neubau von Gebäuden und maschinellen Anlagen aller Art.

Das größte Problem der DDR-Wirtschaft war indes mit Sicherheit Honeckers Weigerung wirtschaftliche Reformen durchzuführen, und sein Festhalten an starren planwirtschaftlichen Produktionsmethoden, die die Qualität der produzierten Waren gegenüber den westlichen immer weiter ins Hintertreffen geraten ließ. Dies war insbesondere insoweit verhängnisvoll, dass nach dem Verschwinden des abgeschlossenen Absatzmarktes „Ostblock", die qualitativ minderwertige Ware auf dem Weltmarkt verkauft werden musste, wo sie kaum gegen Westprodukte bestehen konnte.

So bestanden Schwierigkeiten für die DDR sich nach dem Zusammenbruch des Sowjetreichs mit Devisen für den Außenhandel sowie weiterer Kredite zu versorgen, was weiter dazu beitrug, dass qualitativ hochwertige westliche Waren kaum zu Erwerben waren, und Streichungen von Sozialausgaben, wie den subventionierten Mieten des Wohnungsbauprogramms, nur schwer zu verhindern waren. Auch die Ausgaben zum Aufrechterhalten der Mauer und für das 150.000 Mann starke Militär waren überproportional hoch, was sich in einer niedrigen Güterproduktivität bemerkbar machte. Erschwerend kamen hier der Renovierungsstau, vor allem im Bauwesen, der unter anderem durch die bis 1961 getätigten Reparationen entstanden war, hinzu. Auch die große Zahl Hochqualifizierter, die vor dem Mauerbau geflohen waren, machte sich bis zum Schluss als wirtschaftliches und wissenschaftliches Defizit bemerkbar.

Honeckers Weigerung wirtschaftliche Reformen durchzuführen und die abnehmenden Investitionen in Forschung und Entwicklung, letzteres auch aufgrund der mangelnden Kredite, sind Gründe dafür, dass die Menschen in der DDR nach einem Politikwechsel, nach hochwertigen Westprodukten und wirtschaftlicher Freiheit verlangten. Vor allem angesichts der Tatsache, dass die Bürger der DDR mit Westdeutschland ein extrem reiches Land (damals drittgrößte Volkswirtschaft der Erde) als Vergleichsbasis heranzogen, wodurch die DDR natürlich nochmals ärmer erschien, als sie es war.

Gesellschaftliche Gründe

In den Westen Deutschlands sind trotz der Existenz der Mauer viele Menschen geflohen. Die Zahl dieser Fluchtversuche sank natürlich, da die DDR sehr viel Geld in Instandhaltung und Ausbau der Mauer und deren Grenzkontrollsystem steckte. Bereits zu diesem Zeitpunkt sind enttäuschenderweise auch Tote an der Mauer zu beklagen. Da bereits 1957 das Verlassen der DDR strafrechtlich verfolgt wurde, ist nach dem Berliner Mauerbau auch von einem „Schießbefehl" die Rede, ein Aufruf zum Benutzen der Schusswaffe wenn Warnungen nicht ernst-genommen wurden.

Das interne totalitäre Regime, mit einer Kontrolle der Rede- und Pressefreiheit, mit einem Auswanderungsverbot, mit Selbstschussanlagen an der Grenze, mit nur einer Partei, der ständigen Angst bewacht und beobachtet zu werden, führten weiterhin zu diversen Fluchten die häufig recht ausgefallene Aktionen hervorriefen.

Es begannen auch eine Reihe von Grenzsoldaten Fahnenflucht. Längst nicht alle wollten oder konnten sich dem Regime fügen.

Die MfS (Ministerium für Staatssicherheit in der DDR) ins Leben gerufen um die Bürger der DDR noch stärker zu kontrollieren, hatte die Aufgabe Jugendliche gezielt zu umwerben und sicherzustellen, dass es auch taugliche regimetreue Leute waren. Auch Bespitzelungen waren erlaubt, das Post-, Brief- und Telefongeheimnis wurde abgeschafft. Der Ein- und Ausreiseverkehr wurde streng kontrolliert, das Recht auf Freizügigkeit nicht leben zu dürfen, führte hunderte von Menschen in den Tod und war eines der dunkelsten und grausamsten Kapitel der DDR-Politik.

Des Weiteren mussten die Menschen in Ost-Berlin, die ausreisen wollten, mit langen Wartezeiten sowie harten Repressionen und Bespitzelungen der Stasi rechnen. Trotz einer Politik der

Annäherung wurde die Mauer stetig ausgebaut. So das die Fluchtversuche über die Jahre abnahmen, zwangsläufig auch abnehmen mussten, da man sein eigenes Leben aufs Spiel zu setzen drohte bei einem Fluchtversuch.

Zuvor, Mitte der 70er, war es der DDR ein Anliegen international völkerrechtlich akzeptiert zu werden. Dies forderte gewisse politische Kompromisse, die hauptsächlich darin bestanden, die Ausreisemöglichkeiten für die DDR-Bürger im allgemeinen und die Ost-Berliner im besonderen zu lockern. Die DDR-Bürger verlangten eine freie Wahl ihres Aufenthaltsortes. Kurze Zeit später setzte eine Ausreisewelle ein, die bis zum Fall der Mauer nicht mehr abnehmen sollte und deren oberstes Credo das Ausleben des Freiheitsrechtes, eines der Grundrechte der Menschen, war. Dieser verstärkte Drang der DDR-Bürger auszureisen, versetzte das SED-Regime in Panik. Man war darauf bedacht, die Kontrollmechanismen zu verstärken und auch die Bewohner rigider zu überwachen.

All diese strengeren Kontrollmaßnahmen halfen nicht den Unmut in der Gesellschaft und die Ausreisewilligkeit der Menschen einzudämmen. Die Welle der Ausreiseanträge nahm zu.

Als dann Ungarn seine Grenzen im Zuge der von Gorbatschow initiierten Perestroika und Glasnost-Politik, und auch die Grenzen zu Österreich öffnete, weil es seine Bevölkerung nicht länger einsperren wollte, nutzten die DDR-Bürger diese Lücke um zu fliehen. Es flüchteten so viele Menschen nach Ungarn, dass die Botschaften völlig überfordert waren.

Langsam fing es an zu brodeln in der DDR, in der Leipziger Nikolai-Kirche gründete sich 1989 im Anschluss an die Fluchtwelle über Ungarn eine Demonstrationsbewegung, die sich immer Montags traf und schnell an Zahl zunahm. Diese legendären Montagsdemonstrationen sind als wichtiges, als demokratisches Zeichen zu verstehen, die Menschen haben nicht länger stillgehalten sondern massenweise gegen das SED-Regime protestiert. Mit bis zu 300.000 Menschen war die letzte Montagsdemonstrationen in der DDR auch die größte. Die Stasi konnte diesen Ansturm von Menschen nicht mehr Herr werden. Sie standen dem Scheitern des SED-Regimes mehr oder weniger machtlos gegenüber. Diese Massenproteste waren die erste richtige oppositionelle Bewegung in der DDR. Es formierte sich sogar eine politische Bürgerbewegung namens Neues Forum. Diese trat öffentlich auf, verfasste Papiere und wollte die Menschen in der DDR auf die Missstände im Lande aufmerksam machen. Selbst angeregt durch die hohe Ausreisewelle und Apathie vieler DDR-Bürger ihrem Regime gegenüber, wurden sie, aus dem Bereich der Kirche hinaus, aktiv.

Es strömten Massen von Menschen an die Grenzübergangsstellen und wollten durch. Aufgrund der enormen Anzahl an Ausreisewilligen Menschen mussten selbst die Grenzsoldaten kapitulieren und die Leute ziehen lassen. In der legendären Nacht des 9. Novembers wurden schließlich alle Grenzübergange geöffnet und die Menschen endlich in ihre Freiheit entlassen. Das vorher stattgefundene Fernsehinterview mit Günter Schabowski hat zwar einen ganz wichtigen Impuls zum Fall der Mauer gegeben und auch die wirtschaftlichen Rahmenbedingungen spielten eine gewisse Rolle, aber schlussendlich muss festgehalten werden, waren es die Menschen selbst, die vom jahrelangem Dulden und Verharren hin zu einem Aufbegehren gegen die DDR Politik kamen, und so die Wende in Ostdeutschland einleiteten . Im Kollektiv waren sie stark, von der evangelischen Seite kommend und vornehmlich auch der jüngeren DDR-Generation verdankend, hielt die Mauer, anders als es Erich Honecker so schön gesagt hatte, dann doch keine weiteren hundert Jahre mehr.

Quelle:

Flemming, Thomas (Januar 2000): Die Berliner Mauer. Grenze durch eine Stadt.

Hertle, Hans-Hermann (Juli 2011): Die Berliner Mauer: Biographie eines Bauwerks.

Führ, Wieland (August 2009): Berliner Mauer und innerdeutsche Grenze

http://de.wikipedia.org/wiki/Berliner_Mauer

http://www.hdg.de/lemo/html/Nachkriegsjahre/index.html

Informationen zur politischen Bildung Nr. 312/2011

http://www.berliner-mauer-gedenkstaette.de/de/die-berliner-mauer-10.html (Zugriff: 11.10.2012)

http://www.memo.uni-bremen.de/docs/m2706b.pdf (Zugriff: 12.10.2012)

http://www.memo.uni-bremen.de/docs/m2706b.pdf (Zugriff: 11.10.2012)

http://de.wikipedia.org/wiki/Geschichte_der_Deutschen_Demokratischen_Republik